VENTE

DU

Lundi 26 Juin 1911

HOTEL DROUOT, SALLE N° 9

ESTAMPES ET LIVRES

RELATIFS A

L'ORNEMENTATION ET AUX BEAUX-ARTS

Mᵉ ANDRÉ DESVOUGES

COMMISSAIRE-PRISEUR

M. GEORGES RAPILLY

EXPERT

ESTAMPES ET LIVRES

RELATIFS A

L'ORNEMENTATION ET AUX BEAUX-ARTS

CONDITIONS DE LA VENTE

Elle sera faite au comptant.

Les acquéreurs paieront 10 p. 100 en sus du prix d'adjudication.

Les livres vendus devront être collationnés sur place dans les vingt-quatre heures de l'adjudication. Passé ce délai, ils ne seront repris pour aucune cause.

M. Rapilly se réserve la faculté, dans l'intérêt de la vente, de réunir ou de diviser les numéros du catalogue. Il remplira les commissions qu'on voudra bien lui confier.

MM. les Amateurs pourront visiter la collection, quai Malaquais, 9, du jeudi 22 au samedi 24 Juin de 2 heures à 5 heures.

CATALOGUE
D'ESTAMPES ET LIVRES
RELATIFS
A L'ORNEMENTATION
ET
AUX BEAUX-ARTS

Caricatures, Portraits, Costumes civils et militaires, Livres illustrés de gravures sur bois et de gravures en couleurs

---

DONT LA VENTE AURA LIEU

Le Lundi 26 Juin 1911, à deux heures précises

HOTEL DES COMMISSAIRES-PRISEURS, 9, RUE DROUOT

SALLE N° 9

Par le ministère de **Me André DESVOUGES**, Commissaire-priseur

Successeur de Me Maurice DELESTRE

26, RUE DE LA GRANGE-BATELIÈRE, 26

Assisté de M. Georges RAPILLY

Marchand d'Estampes de la Bibliothèque Nationale

9, QUAI MALAQUAIS, 9

CATALOGUE
D'ESTAMPES ET LIVRES
RELATIFS A
L'ORNEMENTATION ET AUX BEAUX-ARTS

---

1. **Adam** (VICTOR) et **Bellangé.** Scènes militaires, costumes, 85 lithogr. en noir et en couleur.

2. **Alken.** Moments of Fancy. Tutors assistant. *London*, 1822, 4 pièces, in-fol.

   Épreuves coloriées.

3. **Allemagne.** Vues perspectives, cartes, plans, pièces historiques, brevets, etc. Environ 140 pièces gravées ou lithogr., anciennes ou modernes.

4. **Almanach des Muses.** Années 1766, 1768, 1769, 1770, 1771, 1772, 1773, 1774, 1780, 1781 et 1789. *Paris*, 1781-1789, 11 vol. in-12, *titres-front.*, mar. rouge, dos ornés, fil., tr. dor. (*Rel. anc.*).

   On y a joint : *Préface* de l'Almanach des Muses ou Dialogue entre l'Almanach Royal et l'Almanach des Muses. *S. d.* in-12, bas. anc.

5. **Alsace,** cartes et plans anciens et modernes, 52 pièces in-folio.

6. **Amérique.** Atlas géographique, statistique, historique et chronologique des Deux Amériques et des Iles adjacentes, traduit de l'atlas exécuté en Amérique d'après Lesage, avec de nombreuses corrections et augmentations par J.-A. Buchon, *Paris*, *Carez*, 1825, in-fol., demi-veau, *non rogné*.

   72 cartes ou tableaux.

7. **Amérique**. Cartes et plans de différents pays d'Amérique des XVIIe, XVIIIe et commencement du XIXe. 55 pièces in-fol.

8. **Angleterre**. Vues et plans de villes anglaises. 70 pièces la plupart coloriées.

9. **Architecture**. Réunion de 10 pièces du XVIIIe siècle.

Suite des Ruines d'architecture mise au jour par le Sr Dumont, 1761, suite de 5 pièces d'après Natali.

Plan et élévations du petit hôtel de Berbisey. — Dôme des Dames Bernardines de Dijon, servant de point de vue aux hôtels de M. de Berbisey, 5 pièces.

10. **Architecture et perspective**. Réunion de sept traités d'architecture et de perspective des XVIe, XVIIe et XVIIIe siècles.

Vitruve, traduction Durantino, 1524, gravures sur bois, in-folio, demi-vélin.

Jousse. Le Secret d'architecture, 1642, in-folio, vélin.

Le Clerc (Sébastien). Traité d'architecture, 1714, in-4, demi-rel.

Antoine (Jean). Traité d'architecture, 1768, in-4, veau.

Monument élevé à la gloire de Pierre le Grand, à Saint-Pétersbourg, 1777, in-folio, broché.

Pèlerin. De artificiali Perspectiva Viator 1509. Réimpression Tross, in-fol., cartonné.

Courtonne. Traité de perpective, 1725, in-folio, veau.

11. **Aubert Parent**. Cahier composé de 12 meubles pour garnir les appartements dans le goût le plus nouveau et revêtus d'ornements de bronze doré, composés et dessinés par Aubert. *A Paris, chez Mondhare et Jean*, in-fol.

Suite complète de 6 pièces avec marges.

12. — Cahier de meubles contenant 6 lits de différentes formes et dans le dernier goût, composés et dessinés par Aubert en 1789. *A Paris, chez Mondhare*, in-fol.

5 pièces d'une suite de 6 (n°s 2 à 6). Petites marges.

13. **Aubry**. La leçon d'exercice, les Français en garnison, la leçon de danse, la leçon d'équitation. 5 pièces gravées à la manière noire par Charon, in-fol., en largeur.

14. **Bachelier**, *inv*. A. P. D. R. — Fleurs. Suite de 25 pièces imprimées en sanguine et en noir (modèles de l'École

Royale de Dessin, nos 21, 41, 56, 79, 81, 100, 101, 106, 119, 126, 130, 131, 139, 141, 183, 185, 186, 192, 195, 196, 252, 257, etc.).

15. **Basoli** (Antonio). Raccolta di Prospettive serie, rustiche, e di Paesaggio. *Bologna*, 1810, in-fol. oblong., cart.

Titre et 120 planches pouvant servir à la *décoration des scènes de théâtre.*
Quelques-unes des planches représentent de beaux *intérieurs de l'époque Empire.*

16. **Baugniet.** Recueil de 30 portraits d'artistes célèbres, lithographies sur chine appliqué, avec leur notice imprimée, 1836-1838, in-fol., demi-rel.

Paul Delaroche, L. Gallait, H. Sebron, Luigi Calamatta, F. Bouchot, J.-B. de Jonghe, A.-F. Servais, H. van Assche, Dantan jeune, Horace Vernet, E. Simonis, Ch. de Beriot, J.-J. Eckhout, H. Herz, Duval le Camus, Lepoittevin, P. Kremer, J. Artot, Henry Leys., B.-C. Koekkoek, Jules Godefroid, Nicolas Pieneman, V. Bender, H. Bellangé, A. Schelfhout, H. Decaisne.
Déchirure dans la marge d'un portrait. Taches de rousseur.

17. **Beauchasteau** (François de). La Lyre du jeune Apollon, ou la Muse naissante du petit de Beauchasteau, dédiée au roy. *Paris*, 1657, 2 parties en 1 vol. in-4, *port.*, veau (*Rel. anc.*).

Curieux recueil de poésies d'un enfant de 12 ans. Ce volume est orné d'un frontispice, du portrait de l'auteur, et de 24 portraits de personnages du XVIIe siècle. Petite mouillure aux pp. ff., 1 portrait est plus court de marges et détaché du vol.

18. **Beaux-Arts.** Réunion de six ouvrages sur le dessin, la peinture, les Jardins.

Lairesse (G. de), Le grand livre des peintres, 1787, 2 vol. in-4, veau.
Le Cabinet des Beaux-Arts, 1693, in-4 oblong, 12 pl. hors texte, cartonné.
The Art of Drawing ; petit in-folio, 30 planches, cartonné.
Soldini. Il reale Giardino di Boboli. In-4 avec 48 planches de statues, cartonné.
Rossi. Raccolta delle principali fontane di Roma, 1647, in-4, 56 pl. gravées, cartonné.
Atlas de Robert de Vaugondy, 1778, in-4, avec 52 cartouches, par Arrivet, relié veau.

19. **Beaux-Arts.** Réunion de quatre ouvrages illustrés.

Monnin. Traité de Serrurerie. 1828, in-folio, avec 27 planches, demi-rel.
Virebent. Ornements en terre cuite, in-folio, 26 planches renfermant 250 motifs, demi-rel.

Raoul-Rochette. Lettres sur la Suisse, 3e partie; in-folio, 24 lithogr. demi-rel.

Poésies allemandes illustrées de 20 lithogr. de Rambert, d'après les dessins de la Landgravine de Hesse.

20. **Belgique et Hollande.** Vues, cartes, et plans anciens et modernes, 180 pièces de divers formats.

21. **Benjamin.** Le grand chemin de la Postérité. *Paris, Impr. Aubert et Cie*, 2 lithographies grand in-folio en largeur (*encadrées*).

Ces deux pièces représentent des portraits-charges de : Scribe, P. de Kock, Th. Gautier, V. Hugo, Lamartine, Eug. Sue, Balzac, Alf. de Vigny, Cassagnac, Soulié, Varin, Gust. Planche, Cas. Delavigne, Alph. Karr, etc.

22. **Bérain, Chauveau** et **Le Moine.** Ornements de peinture et de sculpture qui sont dans la Galerie d'Apollon au Chasteau du Louvre et dans le grand appartement du Roy au palais des Tuilleries. In-fol., cart.

Suite complète de 29 planches dont le titre. Tirage moderne.

23. **Berbrugger** (M.). L'Algérie historique, pittoresque et monumentale, recueil de vues, costumes et portraits faits d'après nature dans les provinces d'Alger, de Bône, Oran et Constantine. *Paris, Delaye*, 1843, 5 parties en 3 vol. in-fol., cart., *non rogné.*

Ouvrage intéressant, illustré de nombreuses lithographies et de planches en couleurs.

La cinquième partie comprend : Races algériennes, Monnaies et Flore.

24. **Bida.** L'histoire de Tobie. — L'histoire d'Esther. — L'histoire de Joseph. — Le Livre de Ruth, traduits de la sainte Bible par Lemaistre de Sacy. *Paris, Hachette*, 1876-1882, 4 vol. gr. in-fol. percaline rouge, fers spéciaux (*Rel. de l'éditeur*).

Orné de 45 belles gravures hors texte sur chine appliqué d'après *Bida* avec les légendes sur papier de soie; et nombreuses illustrations dans le texte.

25. **Bijouterie.** Recueil de 8 dessins contenant 90 motifs de bijouterie de style Louis XVI, in-4°, br.

Curieux dessins attribuées à Pouget.

26. **Binelli.** Meubles et décoration intérieure. *A Paris, chez Jean*, in-fol.

7 pièces gravées par Blanchard (nos 7, 8, 10, 15, 16, 18 et 22).

27. — Cahier d'Aigles dessinés par Binelli et gravés par Legrand. *A Paris, chez Jean*, in-fol.

Suite complète de 4 pièces à toutes marges.

28. **Bosse** (Abraham). Traité des manières de dessiner les Ordres de l'Architecture antique en toutes leurs parties. *Paris, Aubouin s. d.* (1664). *Front., titre et 44 planches y compris le texte gravé.* — Des ordres de Colonnes en l'Architecture. *Titre, front.* et 20 pl. — Représentations géométrales de plusieurs parties de Bastiments, faites par les règles de l'Architecture antique. *Paris*, 1688, *Titre, préface et 20 planches de portes, cheminées et ferronnerie.* — Ens. 3 parties en 1 vol. in-fol., veau.

29. **Bouchardon** (d'après). Les cinq sens, gravés à l'eau-forte par le comte de Caylus et terminés au burin par Étienne Fessard. *A Paris, chez Joullain*, in-fol.

Suite complète de 5 pièces à toutes marges.

30. **Boucher** (François), *inv.* Livre de Cartouches. Inventés par François Boucher, peintre du Roy. *A Paris, chez Huquier*, in-fol., cart. percal. grise.

Suite très rare de 11 pièces sur 12 (manque le n° 11). Signature autographe d'Edmond de Goncourt, sur la garde.

31. **Boyvin, Pierretz, Rous, Collot et Zancarli.** Réunion de 76 pièces de ces maîtres en un vol. in-4 oblong, mar. rouge, armes sur les plats (*Rel. anc.*).

Ce recueil comprend :

René Boyvin. Livre de la Conquête de la Toison d'Or. Suite de 20 pièces, dont le titre avant la lettre.

Pierretz (A.). Recherches des plus beaux morceaux d'ornements. Suite de 25 pièces, dont le titre.

Rous, *floren.* (Le Rosso). Panneaux grotesques. Suite de 16 pièces (gravées par René Boyvin).

Collot (Pierre). Cheminées et croisées ornées. Suite de 8 pièces numérotées de 5 à 12.

Zancarli (Polifelo). Disegni varii. Suite de 7 pièces, dont le titre.

*

32. **Britton** (John). The History and antiquities of the see and cathedral church of Norwich, illustrated with a series of engravings of views, elevations, plans, and details of the architecture of that edifice. *London, Longman*, 1816, in-4, *fig.*, cartonné, non rog.

Orné de 24 fig. grav. et d'un titre sur bois, formant la pl. XXV.

33. **Bureau**. Décorations intérieures, meubles, orfèvrerie (style empire). *A Paris, Basset*, in-fol. obl., cart., n. rog.

19 planches gravées au trait. Mouillures.

34. **Byron** (d'après F. G.). Caricatures anglaises de la fin du XVIIIe siècle gravées par Lewis : 2 pièces gr. in-fol. en largeur.

Épreuves coloriées sans marges.

35. **Cabinet Makers'** (The). London book of prices, and designs of cabinet work... illustrated with twenty nine copper-plates containing above two hundred various designs. *London*, 1793, in-4, demi-rel.

Texte, frontispice gravé et 29 pl., représentant plus de cent dessins de meubles de toutes sortes.

36. **Caricatures.** Le nouveau rétablissement de l'état bachique — l'académie des fols — le meusnié prict a lanneau — Cornua sunt omnibus — 5 pièces in-fol. gravées par Bignon, Boullennois, Bertrand, etc.

Curieuses pièces représentant des scènes de mœurs du XVIIe siècle.

37. — Le hazard des amans. — Le jugement de Pàris. — Le testament de Jeanne. — Plaisanterie d'un pédant et d'une harangère. — Le cuisinier d'Edein qui a empoisonné le diable, etc. 8 pièces par Humbelot, in-fol. en largeur.

Curieuses pièces du XVIIe siècle représentant des scènes de mœurs.

38. — Caricatures politiques de l'époque de Louis XVIII et Charles X. 30 pièces noires et coloriées.

39. — Caricatures, scènes de mœurs, pièces sur les alliés : 25 pièces la plupart coloriées, du commencement du XIXe siècle.

40. **Caricatures**. Caricatures anglaises du commencement du XIXe siècle, 40 pièces, la plupart coloriées.

41. — Caricatures anglaises du commencement du XIXe siècle dont plusieurs sur les sports, 25 pièces, la plupart coloriées.

42. — Magasin de visages au besoin. Les oiseaux caractérisés, etc., 20 caricatures du commencement du XIXe siècle. La plupart sont coloriées.

43. — Caricatures du commencement du XIXe siècle, 80 pièces gravées ou lithographiées en noir ou en couleur.

44. — Lithographies noires et coloriées par Daumier, Cham, Beaumont, Vernier : environ 90 pièces, plusieurs doubles.

45. **Cervantes**. L'ingénieux chevalier Don Quichotte de la Manche, traduit par Ch. Furne. *Paris, s. d.* (1865), gr. in-8, broché, couverture illustrée.

Édition illustrée de 160 dessins par G. Roux.
On y a joint : Le Livre des Masques, par Montfrileux et Fontanez. *Paris*, 1903, in-8 illustré de 100 dessins de Fontanez, broché..

46. **Chapuy**. Les Cathédrales de France. Vues pittoresques et détails remarquables, dessinés, lithographiés et publiés par Chapuy, avec un texte historique et descriptif par F.-T. de Jolimont. *Paris*, 1823-1829. 12 parties en un fort vol. gr. in-4, demi-percal., *ébarbé*.

Cathédrales de Paris, 10 planches. — Reims, 10 pl. — Sacre de Charles X, 5 pl. — Amiens, 10 pl. — Orléans, 10 pl. — Strasbourg, 15 pl. — Sens, 5 pl. — Auxerre, 5 pl. — Chartres, 15 pl. — Arles, 5 pl. — Albi, 10 pl. — Dijon, 5 pl.
Mouillures et taches de rousseur.

47. **Charlet** (d'après). Scènes et costumes militaires, réunion de 13 aquarelles in-4°.

48. **Chereau** (à Paris, chez Jacques), 1728. Desseins de développements, d'assemblages de différents ouvrages de menuiserie, comme les chaires à prêcher avec leurs rampes, chaises de chœur, porches d'Église, lambris de chambre, portes à placards et portes cochères, etc. In-folio, 5 planches et 3 feuillets de texte.

49. **Choffard, Borch, Berthault, J.-B. Huet**. Réunion de 34 pièces de ces maîtres, en 1 vol. in-4, veau fauve, d. , orné, tr. r. (*Rel. anc.*)

Ce recueil contient :

Borch. Nouveau livre de Cartouches à l'usage de différents artistes. Paris, Ve Chéreau, suite de 6 p. (nos 1 à 6).

Choffard, 1er, 2e et 3e) cahiers de Cartouches. Cahier A, 6 p. (1 à 6) — Cahier B, 2 p. (nos 5 et 6) — Cahier E, 6 pièces (nos 1 à 6).

Berthault, 2e suite de culs-de-lampe et fleurons à l'usage des artistes : Cahier B. 6 pièces (1 à 6).

Huet (*J.-B.*) Sixième (— 14e) cahier des Arabesques. A Paris, chez Bonnet.

6e cahier, 4 pièces (nos 1 à 4).

14e cahier, 4 pièces (nos 1 à 4).

Ensemble 34 pièces.

50. **Cipriani** (Gio Batt.). Monumenti di fabbriche antiche, estratti dai disegni dei piu celebri autori. *Roma*, 1803, 3 vol. in-4, *planches*, vélin anc.

Bel ouvrage composé de parties séparées, publiées de 1796 à 1803, qui ont chacune pour objet un édifice remarquable, et renfermant 338 planches gravées, comprenant la description de 35 édifices.

51. **Clerisseau**. Antiquités de la France : Monumens de Nismes. *Paris*, 1778, gr. in-fol., *fig.*, cart. anc., *non rogné*.

Bel ouvrage accompagné de 1 frontispice et 41 planches gravées.

52. **Colston** (Marianne). Plates illustrative of a Journal of a tour in France, Switzerland, and Italy, from original Drawing taken in Italy, the Alps and the Pyrénées. *London*, *Whittaker*, 1823, in-fol. cart.

50 lithographies.

53. **Costumes**. Costumes d'Italie, d'Allemagne et d'Autriche, environ 90 pièces gravées ou lithogr., dont plusieurs coloriées.

54. — Costumes russes gravés ou lithographiés par Lecomte, Bacler d'Albe, Horace Vernet, etc. 55 pièces in-4 et in-8, plusieurs coloriées.

55. **Costumes militaires**. Réunion de 100 gravures ou lithographies par de la Peigna, Grap, Draner, Vernier, Moetzheim, etc., la plupart en couleurs.

56. **Costumes militaires**. Costumes militaires de la Garde impériale, par Armand-Dumaresq, 1856, in-folio.

17 lithographies coloriées (Déchirures dans les marges).

57. — Épaulettes, galons, ornements militaires, réunion de 34 pièces anciennes et modernes de divers formats.

On y a joint un lot de 22 pièces : brevets et congés des XVIIe et XVIIIe siècles.

58. — Costumes militaires suédois gravés par Heideloff d'apr. le baron Eben. *Londres*, 1808, in-4°.

11 pièces coloriées et rehaussées d'or, dont 3 doubles.

59. — Costumes militaires de l'armée allemande, 7 dessins à la plume rehaussés d'aquarelle, par Prunaire. — Costumes militaires autrichiens, 15 aquarelles montées sur 5 ff. Ensemble 22 pièces.

60. — Réunion d'environ 130 pièces ; aquarelles, dessins, esquisses, calques, représentant des costumes militaires de différentes époques et de différents pays.

61. **Cotman**. Les Antiquités monumentales de la Normandie, dessinées et gravées par John Cotman, avec des notices historiques et descriptives, par Paul Louisy. *Paris*, 1881, gr. in-fol., bas. fauve.

Ouvrage accompagné de 101 planches gravées.

62. **Crecchi**. Prospettive diverse. *Rome*. 1578. 22 planches in-4°. rel. veau.

La plupart de ces planches ont été copiées par Du Cerceau dans ses vues d'optique.

On a relié dans le même volume un recueil de vues de Rome antique, par Du Pérac, 1575.

63. **Debucourt**. Les Maîtresses de Raphaël, du Tintoret, Rubens et van Dyck. 4 portraits gravés par Debucourt. In-folio.

64. **Decker** (Paul) l'aîné. Ausführliche Anleitung zur Civil Bau-Kunst. Erster (zweiter und dritter) Theil. *Nürnberg*,

Joh. Christoph Weigel, *s. d.*, 3 part. en 1 vol. in-fol., *pl. grav.*, veau brun.

Orné de 60 planches gravées (20 planches chiffrées pour chaque partie y compris les titres) par *Delsenbach*, *J.-C. Reiff*, *G.-A. Hermann*, représentant des églises, palais, corniches, balustres, portes, cheminées, autels, tombeaux, etc.

La marge inférieure du premier titre a été découpée.

65. **Décorations d'Églises.** Élévations des Maître-autels de N.-D. de Paris, Saint-Germain-des-Prés, du Val-de-Grâce, de Saint-Jean-en-Grève ; portail des Capucines de la place Vendôme. *A Paris, chez Filloeul.* Suite de 6 pièces in-folio, à toutes marges.

On y a joint deux suites publiées chez Chéreau :

Plans et élévations des plus beaux confessionnaux de Paris; suite de 6 pièces.

Chaires de prédicateurs de Saint-Eustache, Saint-Étienne-du-Mont, Saint-Louis-en-l'Isle, Saint-Paul. Suite de 9 pièces.

Ensemble 21 pièces.

66. **Delafosse** (J.-C.). Nouvelle Iconologie ou attributs hiéroglyphiques qui ont pour objet les quatre parties du monde, les quatre saisons et les différentes complexions de l'homme. *Paris*, 1771, in-fol. veau marb., dos orn., fil., dent. int., tr. dor.

Table indicative et les cahiers A à S, soit 18 cahiers de 6 pl. chacun; ensemble 109 pl. sans le titre ni le texte. Plusieurs sont remargées.

67. — Iconologie historique. Réunion de 100 pièces, plusieurs doubles, elles manquent de conservation.

68. — Trophées et attributs de chasse, de pêche, d'amour et de musique, de guerre et d'église, etc. 55 pièces in-fol., la plupart en mauvais état de conservation; plusieurs doubles.

69. **Demengeot** (Charles). Dictionnaire du Chiffre-Monogramme dans les styles Moyen Age et Renaissance, et couronnes nobiliaires universelles, accompagné d'un texte historique. *Paris*, 1881, in-fol., en carton.

34 planches gravées hors texte et 200 dessins dans le texte historique. — Les pages 75 et 79 de la 2e partie manquent.

70. **Desprez.** Projet d'un Reposoir, dédié à Mgr Christophe de Beaumont. *A Paris, chez Panseron.* 4 pièces in-folio, de très riche composition.

71. **Douet.** Fleurs, imprimées en sanguine. *A Paris, chez la Vve A. Chéreau.*

Suite complète de 6 pièces (non cité par Guilmard).

72. **Duhamel du Monceau.** Art du serrurier. S. l. (*Paris*, *Imp. F. de Latour*, 1767, in-fol. veau (*Rel. anc.*).

Ouvrage accompagné de 43 planches donnant des modèles de serrurerie, parmi lesquels on trouve de très beaux motifs de *grilles, rampes d'escaliers, serrures, clefs ornées, balcons*, etc.

On a relié dans le même volume :

1° Chaulnes (Duc de). Nouvelle méthode pour diviser les instruments de mathématiques et d'astronomie. (*Paris*), 1768, 15 planches.

2° Chaulnes (Duc de). Description d'un microscope et de différents micromètres. (*Paris*), 1768, 6 planches.

3° Réaumur. Art de l'Epinglier, 7 planches.

4° Bedos de Celles (Dom). L'art du facteur d'orgues, 1766. Première partie, 52 planches.

73. **Dumont** (G.-M.). Détail des plus intéressantes parties de la basilique de Saint-Pierre de Rome. *Paris*, 1763, in-fol., veau (*Rel. anc.*).

98 planches.

74. **Dumont. Taraval**, etc. Suite de Fontaines gravées par F. N. Sellier, d'après les dessins et compositions des différents maitres. *A Paris, chez l'auteur*, 1770, in-fol.

Suite de 6 pièces avec marges.

75. **Duperrey** (L.-J.). Voyage autour du monde sur la Corvette *La Coquille*, de 1822 à 1825. Botanique, 2e partie : Phanérogamie, par Ad. Brongniart. *Paris, A. Bertrand*, 1829, texte in-4°, composé du titre et des cahiers I à XXV et 61 planches in-folio de botanique (sur 80). En feuilles, dans un carton.

76. **Duplessi-Bertaux.** Album de la Jeunesse, des Amateurs et des Artistes, composé de 25 sujets divers, arts et métiers, chevaux, chasses, scènes militaires, vues et paysages, etc.,

précédé du portrait de l'auteur et d'une notice hist. *Paris, Joubert*, 1823, in-4° obl., cart.

26 planches y compris le portrait.
Quelques taches.

77. **Duplessis.** 1re (— 2e) suite de vases composés par Duplessis. *A Paris, chez l'auteur*, in-fol.

Suite complète de 10 pièces. Marges inégales.

78. **Edwards.** Outs for Inns. Etched by Edwin Edwards. *London, Delâtre*, 1873, gr. in-fol., en portefeuille.

Titre, frontispice, dédicace et 54 planches gravées à l'eau-forte, tirés sur papier du Japon, montés sur bristol.
Intéressante publication sur les anciennes auberges anglaises et leurs enseignes.

79. **Estampes décoratives.** Réunion de 49 pièces petit in-folio.

Pastorales 1661 ; titre et 7 pièces gravés par Claudine Stella.
Les quatre éléments, suite de 4 pièces gravées par Surugue, 1721, d'après Vleughels.
Recueil de diverses académies, 11 pièces gravées par N. Guérard le fils.
Deux compositions en forme d'écrans : le Triomphe de David et Réunion dans un parc, grav. par Nic. Cochin.
Jeux d'enfants. 6 pièces en forme de frises, éditées par Bercy.
Sujets chinois. 18 pièces en hauteur ou en largeur, en forme de frises.

80. **Farinaste** (Paul). Diverses figures à l'eau-forte de petits Amours, Anges volants et Enfants, propre à mettre sur frontons, portes et autres lieux. Ensemble plusieurs sortes de masques de l'invention de Paul Farinaste, italien. *Paris, Jombert*, 1736, in-4°, demi-rel.

Suite complète de 30 planches dont le titre.

81. **Fêtes.** Narrazione delle solenni reali feste fatte celebrare in Napoli da sua Maesta il re delle due Sicilie Carlo Infante di Spagna, duca di Parma, Pia cenza, etc., etc. Per la nascita del suo primogenito Filippo Real Principe delle due Sicilie. *In Napoli*, 1649, in-fol. pl. veau (*Rel. anc. fat.*).

Ouvrage orné d'un frontispice, de 15 planches représentant les principales dispositions de la fête, gravées par *Felice Polanzani, Angelo Gucci, Giuseppe Vasi, Luigi le Lorrain, N. Jardin*; d'après *Vincenzo Re*.

82. **Firens.** Theatrum Floræ. In quo ex toto orbe selecti mirabiles venustiores ac præciput flores tamquam ab ipsius deæ sinu proseruntur. *Lutetiæ Parisiorum, apud Petrum Firens*, 1627, in-fol., vélin blanc.

Titre et 69 planches gravées. Raccommodage à une planche.

83. **Flandrin** (Hippolyte). Frise de la Nef de l'Église Saint-Vincent-de-Paul, peinte par Hippolyte Flandrin, et reproduite par lui en lithographie. *Paris, s. d.*, in-fol. oblong, cart.

Titre et 14 planches dont une double, tirés en bistre sur chine appliqué.

84. **Floetner** (Pierre). En-têtes, culs-de-lampe, Moresques damasquines, etc., contenus dans l'ouvrage Imperatorum Romanorum omnium orientalium et occidentalium verissimæ imagines. *Tiguri, Gesneri*, 1559, in-fol., veau (*Rel. anc.*).

Ce volume est orné de 118 portraits dessinés par *J. R. Manuel Deutch*, gravés sur bois par *Rodolphe Wysenbach?* Ces portraits représentent des empereurs depuis Jules César jusqu'à Charles-Quint; ils sont compris dans de grandes bordures gravées sur bois.

Mais ce qui fait surtout rechercher ce volume, c'est qu'il est orné de nombreux motifs *gravés sur bois* par *Pierre Floetner*, de Nuremberg. Ces élégantes gravures représentent des *ornements, arabesques, entrelacs*, en noir sur fond blanc et en blanc sur fond noir ou haché.

Au verso du feuillet 50 on trouve la grande marque de Floetner.

Manque les feuillets 05, par contre le feuillet 02 est double.

Déchirures aux premiers feuillets.

85. **Forty** (J.-F.). Cahier de six feux de cheminées à l'usage des fondeurs. *A Paris, chez Chéreau.*

Suite de six pièces, gravées par Foin, sans marges.

86. **Francin** (Claude) et **Vandervort.** Frontons de la place royale de Bordeaux. *A Paris, chez l'auteur*, in-fol. en larg.

Suite complète de 6 pièces, gravées par Étienne Fessard, à toutes marges.

87. **Galerie Lucien Bonaparte.** Choix de gravures à l'eau-forte d'après les peintures originales et les marbres de la Galerie de Lucien Bonaparte. *Londres, Miller*, 1812, petit in-fol. mar. bleu à long grain, dos orné, fil., tr. dorée (*Rel. anc.*).

Ouvrage contenant 142 gravures dont la plupart sont sans les légendes et les numéros.

88. **Gazette des Beaux-Arts.** Courrier européen de l'art et de la Curiosité. *Paris*, 1859-1890, gr. in-8°, reliés et en livraisons.

Années 1859 complète et 1860 1er semestre reliées en 6 vol.; 1869 à 1888, moins 3 nos; plus 8 nos des années 1889 et 1890, en livraisons.

89. **Géricault.** Chevaux, 48 lithog. dont plusieurs doubles.

90. **Goltzius** (H.). La Passion de Jésus-Christ. Suite complète de 12 pièces montées en 1 vol. in-4°, cart.

Très belle suite du maître. Épreuves anciennes remargées.

91. **Grands peintres français et étrangers.** Ouvrage d'art publié avec le concours artistique des Maîtres. Texte par les principaux critiques d'art. *Paris, Launette et Goupil*, 1884, in-fol. en 8 fascicules, en feuilles dans les portefeuilles originaux.

Belle publication, traitant des peintres *Bouguereau, J. Israels, Breton, Laurens, Bridgman, Lefebvre, Mesdag, Munkaczy, Alma Tadema, Meissonier, Boulanger, Rosa Bonheur*, etc.
Nombreuses photogravures, et croquis dans le texte.

92. **Guiard.** Cahier de tombeaux. *Paris, chez Panseron*, 1775, in-fol.

Suite de 6 pièces gravées par Thierry, à toutes marges.

93. **Guyot** (Laurent). Portefeuille des Artistes, ou recueil contenant ce que l'antiquité figurée nous a laissé de plus beau et de plus utile. *A Paris, chez Guyot, s. d.* in-4°, en livrais.

38 planches gravées au trait. Mouillures.

94. **Hals** (Frans). Eaux-fortes, d'après Frans Hals, par William Unger, avec une étude sur le maître et ses œuvres, par C. Vosmaer. *Leyde, Sijthoff*, 1873, in-fol. max., demi-rel., dos et coins de mar. rouge, tête dorée, non rogné.

20 planches et 7 vignettes sur chine.
Bel exemplaire.

95. **Heim.** Recueil des principaux traits de la vie de Gil Blas de Santillane, dessinés sur pierre. *Paris, s. d.*, in-fol., demi-rel. chag. avec la couverture imp. de livraison.

Suite de 20 belles lithographies numérotées de 1 à 20.

96. **Herbé.** Costumes français civils, militaires et religieux, avec les meubles, les armes, les armures, l'architecture domestique, les ordres de chevalerie, les étendards et les blasons les plus historiques depuis les Gaulois jusqu'en 1834; dessinés d'après les historiens et les monuments. *Paris, Herbé, s. d.*, in-4, demi-rel. bas. brune, dos orné.

Orné de 104 planches coloriées (sur 106), manque le titre.

97. **Hirschfeld** (C. C. L.). Théorie de l'Art des Jardins. Traduit de l'Allemand. *Leipzig*, 1779-1785, 5 vol. in-4, demi-chag. brun.

Ouvrage intéressant sur les jardins. Orné de planches et de nombreuses vues dans le texte.

98. **Houdan.** Sièges et tables.

Suite de 4 pièces à l'eau-forte *à toutes marges* (non cité par Guilmard).

99. **Isabey** (J.). Voyage en Italie, en 1822. *Paris, chez l'auteur*, in-fol. demi-bas. (*Rel. fat.*).

Trente dessins lithographiés par *Isabey*.

On y a joint une couv. de livraison imprimée. Cachet sur la marge de chaque planche.

100. **Isabey** (Eug.). Vue de Caën, Souvenir de St-Valéry-sur-Somme, Intérieur d'un port, vue de Rouen, souvenirs de Bretagne, retour au port., etc., 7 lithogr. in-fol.

101. **Italie.** Vues de monuments et paysages d'Italie, 90 pièces de divers formats, dont la grande vue de la basilique Saint-Pierre gravée par Israël Silvestre.

102. **Jan** (Alexandre). Tombeau de la Volupté, tableau de la vie humaine, 2 pièces in-fol. en largeur sans marges.

Très rares caricatures du xviie siècle intéressantes pour les costumes.

103. **Janinet** (d'après). Marie-Antoinette d'Autriche, reine de France et de Navarre, gravé par Vigna-Vigneron. In-fol.

Très belle épreuve imprimée en couleurs, avec son passe-partout (Encadré).

104. **Krausse** (Joh.-Ulric). Historicher Bilder-Bibel. (Histoire de la Bible, représentée en figures, avec une explication en

vers allemands). *Augsbourg*, 1705, 5 parties en 1 vol. in-fol., veau (*Rel. anc.*).

Ouvrage composé de 5 titres gravés, 5 frontispices et 135 planches de sujets bibliques et de *beaux cartouches ornés.*
Bel exemplaire.

105. **Lacroix** (Paul). Mœurs, usages et costumes au moyen âge et à l'époque de la Renaissance. 6e édition. *Paris, Didot*, 1878, in-4°, demi-rel., dos et coins de chag. bleu, tête dorée, non rogné.

Illustré de 14 planches chromolithographiques exécutées par *F. Kellerhoven*, et 440 gravures.

106. **La Guertière** (F. de). Recueil des grotesques de Raphaël d'Urbin, peintes dans les loges du Vatican à Rome, dessignées et gravées par F. de La Guertière, peintre du Roy. *A Paris, chez Le Blond.* Suite complète de 17 pièces, dont le titre, petit in-fol., en feuilles, la plupart remargées.

107. **Lalonde** (De). Livre d'Ameublement dessiné par Lalonde. *A Paris, chez Chéreau*, petit in-fol. en ff. dans un carton.

54 pièces en épreuves d'état avant toute lettre et avec marges.
Cette suite comprend les cahiers A à H de chacun 6 p., soit 48 pièces, le cahier J (billards) 4 pièces. — On y a joint une pièce du cahier B en état non terminé, et une pièce non déterminée.
Très rare.

108. **Lamour** (Jean). **Recueil des ouvrages en serrurerie** que Stanislas le Bienfaisant, Roi de Pologne, a fait poser sur la place Royale de Nancy... et plusieurs autres dessins de son invention. *Nancy, chez l'auteur, s. d.* (1768), in-fol., cart.

Titre et dédicace gravés, 5 feuillets de texte imprimés avec en-tête de *Girardet*, et 20 planches gravées d'après les dessins de *Lamour*, par *Collin* et *Nicole*.

109. **Langlois** (E.-H.). Album de dessins de E.-H. Langlois, du Pont-de-l'Arche, gravés par J. Adeline, E. Le Fèvre et Bracquemont et fac-simile reproduits par Amand-Durand. Autobiographie et recueil de lettres à Bonaventure de Roquefort classés et accompagnés d'un texte par Alfred Dieusy. *Rouen, Schneider*, 1885, in-fol., cart. toile rouge, *non rogné.*

Bel exemplaire. La plupart des figures sont *sur chine avant la lettre.*

110. **Lane** (Théodore). Innocents amusements. *London, published by Lean*, 1827 ; 6 pièces imprimées sur 3 feuilles in-fol.

Belles épreuves coloriées.

111. **Le Blond** (A Paris, chez). Élévation, Plan du grand Autel du Val-de-Grâce, des Grands Jacobins, de la Vierge des Carmes, Saint-Denis de la Chartre, des plus belles chaires du cœur de Paris.

Suite de 13 pièces à toutes marges.

112. **Lebrun** (Ch.) et **Lesueur** (E.). Les Peintures de Charles Lebrun qui sont dans l'Hôtel de Chastelet cy devant la maison du Président Lambert. Dessinés par Bernard Picard. *Paris, Duchange*, 1740. — La gallerie de Monsieur le Président Lambert, représentant l'apothéose d'Hercule... Ce sujet est peint par le fameux Ch. Lebrun. — Ensemble 2 parties en un volume in-fol., demi-rel.

Très bel ouvrage reproduisant les peintures de *Lebrun* et *Le Sueur* qui décoraient l'hôtel du Président Lambert dans l'Ile Saint-Louis.

La première partie comprend un titre, 6 pages de texte et 22 estampes. Cet ouvrage est remarquable pour les belles vues en perspective des galeries animées de personnages.

La seconde partie contient un titre, une dédicace, et 14 planches gravées.

113. **Leclerc** (Sébastien). Œuvres choisies, contenant 239 estampes dessinées et gravées par ce célèbre artiste, représentant des Costumes, des Fables, des Paysages. *Paris*, 1781, in-4°, demi-vélin blanc.

Recueil de 210 pl. gravées au lieu de 239 annoncées sur le titre.

114. **Lefeuve**. Les anciennes maisons de Paris. Histoire de Paris rue par rue, maison par maison. Cinquième édition. *Paris*, 1875, 5 vol. pet. in-8°, demi-rel. dos et coins veau vert.

115. **Legrand** et **Landon**. Description de Paris et ses édifices avec un précis historique et des observations sur le caractère de leur architecture, et sur les principaux objets d'art et de curiosités qu'ils renferment. *Paris*, 1808, 2 vol. in-8°, cart. couv.

Ouvrage orné d'un plan de Paris et de 100 figures d'après *Landon*.

116. **Le Muet**. Manière de bien bastir pour toutes sortes de personnes, par P. Le Muet. *Paris, M. Tavernier*, 1623, in-fol, vélin blanc (*Rel. anc.*).

Première édition, ornée de planches en taille-douce.

117. **Le Sage**. Le Bachelier de Salamanque, ou les mémoires de D. Cherubin de la Ronde. *Paris et La Haye*, 1736-1738, 2 vol. in-12, *fig.*, veau (*Rel. anc.*).

Édition originale, très rare, ornée de 5 figures (sur 6) non signées.

118. **Le Sueur**. Cahier B, Moulin de Santeny près Brie, Vieux Château près Dammartin, Petite ferme à côté du moulin de Santeny près Brie, Petite ferme près le prieuré de Presle vers Saint-Maur, *à Paris, chez Basset*. Suite de 4 pièces gravées par Adèle Le Roi, à toutes marges.

119. **Lithographies**. Titres de romances, lithographiés par Devéria, Mouilleron, Célestin Nanteuil, Adam, Forest, Grandville, Janet, Bouchot, Charlet, Le Poitevin, Stop, Leroux, Arago, etc. Réunion de plus de 1000 pièces avec la musique. (*Plusieurs doubles.*)

120. **Louis**. Plan, élévation et coupe du Vauxhall projeté au bois de Boulogne. Suite de 3 pièces in-fol. gravées par Taraval en 1770.

121. **Lubersac** (l'Abbé de). Discours sur les Monumens Publics de tous les âges et de tous les peuples connus, suivi d'une description de monument à la gloire de Louis XVI et de la France. *Paris*, 1775, in-fol., *front.*, veau marb. (*Rel. anc.*).

Beau frontispice gravé par *Masquelier*, allégorie du sacre de Louis XVI, avec son portrait revêtu du costume du sacre, et une gravure pliée : *Monument à la gloire du Roi et de la France.*

122. **Luce** (Maximilien). Coins de Paris. Le Petit Betting. Suite de 8 lithographies par M. Luce. *Paris, Ferroud. s. d.*, in-fol. en ff., sous couv. lithographiée.

Texte de G. Bogey ; couverture et 8 lithographies de M. Luce : sur le champ de courses de St-Ouen.

Tiré à 150 ex. Un des 25 ex. avec les planches sur *papier du Japon.*

123. **Madou.** Scènes de la Vie des Peintres de l'École Flamande et Hollandaise. *Bruxelles*, 1842, gr. in-fol., demi-rel. veau.

Beau volume orné d'un titre-frontispice et de 20 belles planches lithographiées, tirées sur chine; vignettes sur bois dans le texte.

124. **Mair** (Paul-Hector). **Bericht und Antzeigen der statt Augspurg** aller Herren Geschlecht so vor fünfhundert und mehr Jaren, weder yemandt wissen oder erfaren kan, daselbst gewont und bis auf Achte abgestorben. *Augspurg bei Melch. Kriegstein*, 1550, in-fol., mar. rouge, fil. à froid, dent. int., tr. dor. (*Capé*).

Très beau livre de *Costumes*, représentant, en 136 planches gravées sur bois, autant de *portraits des Patriciens d'Augsburg*, avec l'écu de leurs armes.

125. **Marine.** Réunion de 88 dessins et croquis à la plume et au crayon de proues et autres parties ornementales de navires (dessinés de 1800 à 1830).

126. **Marques de Libraires.** Environ cent marques de libraires des XVIe, XVIIe et XVIIIe siècles, gravées sur bois ou sur cuivre.

127. **Masson** (F.) et J.-G. **Legrand.** Suite de frises antiques tirées du palais Spada à Rome, représentant des combats de Centaures. *A Paris, chez Legrand*, 1779, in-fol. en largeur.

Suite complète d'un titre et 11 planches, à toutes marges.

128. **Modelio** (Melchiore), *Monacensi authore*. Septem Psalmi Davidici, in-4°, cart.

Suite complète de 8 pièces, gravées par Wierix.

Dans le milieu de *Cartouches de formes découpées et enroulées* se trouvent des petits sujets de la vie du Christ, contenus dans des petits ovales, autour desquels est écrit en caractères microscopiques et en forme d'entrelacs le texte latin de chacun des Psaumes de David.

Le titre est ornementé des *Armes de France* à chacun des angles supérieurs et une bordure avec fleurs de lys au bas gouachées en bleu et or.

129. **Moses** (H.). Vases from the collection of sir Henry Englefield, drawn and engraved by H. Moses. *London*, 1819, in-4°, front., titre et 39 pl. *grav. dont 1 en couleurs*, demi-rel. (*Rel. fatiguée*).

130. **Mouilleron** (A.). SOUVENIRS DE HOLLANDE. Dessins et croquis tirés des Collections du comte Mniszech à Paris et de D. Franken au Vésinet et offerts par eux aux amis de leur ami Mouilleron, 1897, in-fol. en portefeuille.

Titre, texte, portrait de Mouilleron et 50 reproductions de dessins dans le portefeuille de l'éditeur.
Rare publication tirée à 100 ex. non mis dans le commerce.

131. — Réunion de 96 lithographies (Titres de romances), épreuves avant toute lettre, tirées sur chine. In-4°, en feuilles.

Très belles épreuves.

132. **Mountaine**. The Gardeners Labyrinth : Containing a discourse of the Gardeners life, in the yearly travels to be bestowed on his plot of earth, for the use of a Garden : by Dydymus Mountaine. *Printed at London by John Wolfe*, 1586, in-4°, vélin blanc.

Très rare ouvrage sur les jardins.
Raccommodage dans la marge de quelques feuillets.

133. **Nanteuil** (CÉLESTIN). Titres-frontispices de chansons. Réunion de 190 lithographies la plupart tirées sur chine et avant la lettre, in-4°, en carton.

134. **Neufforge** (De). Recueil élémentaire d'architecture, contenant plusieurs études des ordres d'architecture, d'après l'opinion des anciens et le sentiment des modernes. Différents entrecollements propres à l'ordonnance des façades. Divers exemples de décorations extérieures et intérieures à l'usage des monuments sacrés, publics et particuliers. *Paris*, 1757-1768, 8 tomes en 4 vol. in-fol., veau, dos orné (*Rel. anc.*).

8 titres 1 table et 600 planches d'ornementation, d'ameublement, jardins, etc.

135. **Nielles.** 211 pièces nielles d'orfèvrerie, époque Louis-Philippe, collées sur 17 feuilles.

136. **Numismata** virorum Illustrium, ex Barbadica gente. *Patavii*, 1732, in-fol. max., demi-mar. rouge avec coins, tête dorée.

Bel exemplaire de ce magnifique ouvrage. Il est orné de 175 grands fleurons et culs-de-lampe, et 91 lettres historiées grav. sur cuivre.

Les gravures, tant de l'ouvrage que du supplément, sont de *Robert van Audenaerdt*. Le texte a été rédigé par le P. Franc. Xavier Valcavi, jésuite.

Exemplaire contenant le Supplément.

137. **Ornements.** Bordures, encadrements, fleurs, décorations diverses, etc. Réunion de 51 pièces in-folio et in-4°.

Cadres ornementés (pour le Sacre de Louis XV), 27 pièces.

Les quatre éléments, suite de 4 pièces gravées par Crépy, dans des bordures ornementées.

La Mort, le Jugement, l'Enfer, le Paradis, 4 pièces gravées par Claude Roussel, 1701.

Figures de la géométrie élémentaire d'Euclyde, brochure de 8 pages.

Fleurettes et bouquets pour dessus de boîtes, 8 pièces gravées par Juillet, d'après Roch.

138. — Fleurons, culs-de-lampe et lettres ornées, des XVe, XVIe, XVIIe et XVIIIe siècles. Réunion de plus de 1 350 pièces, montées en un album in-folio.

Un certain nombre de ces pièces sont non montées.

139. — Cartouches, fleurons, culs-de-lampe, gravés sur bois ou sur cuivre. Environ 400 pièces extraites de livres des XVIe, XVIIe et XVIIIe siècles.

140. **Paris.** Statuts et règlemens de la communauté des maîtres et marchands Bouchers de la ville et fauxbourgs de Paris. *Paris*, 1714, in-4°, veau.

Tache d'encre dans les marges du bas.

141. **Parrocel.** Différentes études de soldats dessinées et gravées par Charles Parrocel, peintre du Roy. *A Paris, chez Jean.* Titre et 18 pièces gravés par Wille.

On y a joint 20 pièces du même auteur provenant de différentes suites.

142. **Percier** et **Fontaine.** Recueil de décorations intérieures, comprenant tout ce qui a rapport à l'ameublement, comme vases, trépieds, candélabres, cassolettes, lustres, girandoles, lampes, chandeliers, cheminées, feux, poêles, pendules, tables, secrétaires, tabourets, miroirs, écrans. — *Paris*, 1812, in-fol. demi-rel. chag. vert à long grain, tête dorée.

Exemplaire court de marges. Le titre est doublé.

143. **Petit** (Jacob). Recueil de lithographies donnant des modèles de décorations intérieures, meubles, vases, trophées, armes, panneaux, etc. *Printed and published by P. Simonau*, 1823, in-4° obl. cart.

35 pl. lithographiées.

144. — Collection de dessins d'ornement. 50 pl., en 10 livraisons in-fol., avec leurs couvertures.

Décoration intérieure et d'architecture. Meubles, vases, candélabres, bronzes, lustres, coupes, fontaines, etc.

145. **Petitot.** Les Émaux de Petitot du Musée Impérial du Louvre. Portraits de personnages historiques et de femmes célèbres du siècle de Louis XIV, gravés au burin par M. L. Ceroni. *Paris, Blaisot*, 1862, in-4°, en feuilles.

Exemplaire contenant : 1. Les 3 titres primitifs. — 2. Les 2 titres définitifs et 36 portraits (sur 50) historiques et littéraires, gravés au burin, par *Ceroni*, accompagnés de leur texte bibliographique. On y a joint 32 couvertures de livraisons.

146. **Picart** (Bernard). Impostures innocentes ou recueil d'estampes d'après divers peintres illustres, tels que Raphaël, Le Guide, Carlo Maratti, Le Poussin, Rembrandt, etc., gravées à leur imitation et selon le goût particulier de chacun d'eux... par B. Picard, avec son éloge historique et le catalogue de ses ouvrages. *Amsterdam, Vve de B. Picart*, 1734, in-fol., *fig.*, veau granit, dos orné, tr. marb.

Orné de 67 planches gravées, plus 11 fig. gravées chiffrées A à L et d'un beau portrait médaillon (in-fol.) de B. Picart.

147. **Pièces historiques**, plusieurs relatives à l'histoire de la Russie et de la Pologne. 20 pièces gravées ou lithographiées de divers formats.

148. — Réunion de 110 pièces relatives à l'histoire des Pays-Bas.

149. **Pigal.** Collection de Costumes des diverses provinces de l'Espagne lithographiés d'après des dessins originaux par Pigal. *Paris, Clément frères*, s. d., in-4°, demi-rel. (*Rel. fatiguée*).

96 pièces coloriées d'une suite de 100 (nos 93 à 96 manquent).

150. **Pinder.** Speculum passionis Domini nostri Jesu Christi... (In fine :) Speculum de passione Domini nostri Jesu Christi cum textu quatuor evangelistarum cum figuris pulcris... Per Doctorem Uldaricum Pinder in civitate imperiali Nurembergensi bene visum et impressum finit feliciter, anno MCCCCCVII (1507), in-fol. de 90 ff. chiffrés et un titre, maroq. viol., fil., dent. int., dos orné, tr. dorée (*Bel. ex.*).

Ouvrage rare, orné de 40 belles planches et de 37 petites fig. gravées sur bois par Hans Scheuffelein.

151. **Planta** (Edw.). A New picture of Paris or the stranger's guide of the French metropolis. 13e ed. *London*, 1822, in-12, veau bleu foncé.

Guide de Paris, comprenant les vues de 23 monuments sur une même planche se dépliant, 1 tableau des prix du restaurant Véfour, 1 carte, 1 vue des catacombes et une suite de *Cris de Paris* en couleurs (Costumes of the lower orders in Paris). Titre et 28 planches coloriées.

152. **Pocock**, architecte. Modern Finishings for Rooms. *London, Taylor*, 1811, in-4°, veau racine.

86 planches d'architecture et de décorations intérieures, *style empire*.

153. **Poilly** (A Paris, chez). Dessins de plusieurs morceaux de menuiserie avec leur développement.

Suite de 6 pièces : plan et élévation du Porche et des chaisses des Chartreux de Paris. — Dessin général d'un lambris de chambre. — Pièces d'assemblage et développement d'une porte cochère. — Pièces d'assemblage de la Rampe de la Chaire à prêcher de Saint-Eustache de Paris, de l'Impériale et du corps de la Chaire à prêcher.

154. **Porcelaines** (Décors de). Réunion de 38 dessins d'ornements, dont 18 de Madame Robert, artiste à la manufacture de Sèvres, et 20 calques de son père, artiste à la même manufacture.

On y a joint 6 dessins en couleurs donnant 18 modèles pour la décoration des tasses à café.

155. — Réunion de 101 dessins aquarellés du commencement du second empire, en 2 albums pét. in-fol., brochés.

101 modèles coloriés de vases, pots, verres, colonnes, abat-jour, etc.

156. **Portraits**. Duchesse de Nemours, Mme de Miramion, Princesse de Conti, Catherine de Seine, etc. 14 pièces gravées par Drevet, Saint-Aubin, Lépicié, etc.

157. — Portraits de femmes, gravés ou lithogr. Réunion de 340 pièces, in-8° et in-4°.

158. — Le Tellier, Hessling, Colbert, Arnauld, Savary, etc. 13 portraits gravés par Nanteuil et Edelinck.

159. — Portraits d'artistes; peintres, graveurs, sculpteurs, gravés par Nanteuil, Drevet, Edelinck, Audran, Lépicié, Laurent Cars, etc. ou lithogr. Environ 260 pièces de divers formats.

160. — Rollin, Coyzevox, Frère Blaise, Laugier, Coypel, Wouwerman, etc. 21 portraits gravés par Audran, Balechou, Benoist, Michel Lasne, Duchange, Dupuis, Dullos.

161. — H. Rigaud, Dubois, De Mesmes, de Vintimille, Jouvenet, Robert de Cotte, de Lowendal, Massé, Anguier, Séb. Bourdon, de Maupertuit, cardinal Fleury, N. de Largillière, J. Vernet, Renaudot, cardinal de Polignac, etc. 30 portraits gravés par Drevet, Gautier-Dagoty, Trouvain, van Schuppen, Wille, Thomassin, Daullé, Laurent Cars, Cathelin, Chéreau.

162. — Portraits de personnages célèbres des xviie et xviiie siècles, 55 pièces in-folio et in-4°.

On y a joint 20 portraits avant la lettre ou à l'état d'eau-forte.

163. — Portraits de musiciens, compositeurs, instrumentistes, etc. 290 pièces gravées ou lithogr., de différents formats.

164. — Portraits d'hommes et de femmes lithographiés par Grévedon (Famille d'Orléans, Nelson, Prince de Ligne, Herschel, Georges III, Banks, etc.). 45 pièces in-folio ou in-4°.

165. — Fernaux, Gévaudan, Benj. Constant, Léopold Ier, Schiller, François Ier des Deux-Siciles, etc. 8 portraits lithographiés par Devéria.

166. **Portraits**. Recueil de portraits gravés d'après Rembrandt, Le Padouan et Claude Vignon. *F. L. D. Ciartres excud.*, in-4°, vélin.

Recueil de 36 portraits numérotés.

167. — Savants et Médecins. Réunion de 160 portraits gravés et lithographiés par Vigneron, Belliard, etc.

168. — Mme Guizot, M^ise^ de Gévaudan, Mme Ségalas, Mlle de Savignac, Ctesse de Brady, Mme de Bercy, Babois, Ctesse d'Hautpoul, P^cesse^ de Salm, D^esse^ d'Abrantès, etc. 18 portraits lithogr. par J. Boilly.

On y a joint 14 portraits d'hommes de la collection de l'Institut royal de France.

169. — Portraits d'Anne d'Autriche; de Mme de Maintenon; Isabelle-Claire-Eugénie, infante d'Espagne; Ctesse de Caylus, Marguerite de Valois; D^esse^ d'Angoulême; Jeanne d'Arc: etc. Environ 50 pièces, in-4° et in-8°.

170. — Sarrasin, de Neufvillle, Jean de Longueil, Henriette-Anne d'Angleterre, Mathieu Molé, Sebast. Leclerc, P. Puget, etc. 25 portraits gravés par Nanteuil, Mellan, Crépy, Cochin, Duflos, Jeaurat, etc. In-4° et petit in-fol.

171. — Bouvart, de Troy, Laurent Cars, Le Cat, Montesquieu, etc. 45 portraits in-4° et in-8° des XVIIe et XVIIIe siècles.

172. — Portraits de diplomates, d'ecclésiastiques, de savants et de médecins, environ 200 pièces, dont 8 sont gravées à la manière noire. In-8° et in-4°.

173. — Savants, littérateurs, etc. 320 portraits gravés du XVIIe siècle, in-12.

174. **Portraits anglais** gravés sur cuivre, à la manière noire ou lithographiés par Bartolozzi, Drevet, Desrochers, Vermeulen, Hopwood, Green, etc. 260 pièces de divers formats.

175. — Portraits anglais lithographiés, par Grevedon, Mauzaisse, Noël, etc. 25 pièces in-fol. et in-4°.

176. **Portraits allemands** gravés par Kilian, Sandrart, Forster, etc. 240 pièces in-fol. et in-8°.

177. — Portraits allemands gravés à la manière noire, par Haid, Vogel, Göz, Heiss, Weigel, Preisler, etc. 17 pièces in-4° et in-fol.

178. — Portraits allemands lithograph. par Grevedon, Noël, Eichens, Maguire, etc. 14 pièces in-fol. et in-4°.

179. **Portraits belges** gravés ou lithographiés par ou d'après Van Dyck, Calamatta, Galle, de Jode, Delff, Grevedon, Bauguiet, etc. 65 pièces de divers formats.

180. **Portraits hollandais** gravés par Sadeler, Corn. Galle, de Gheyn, Bolswert, Houbraken, Folkéma, Matham, etc. 240 pièces de divers formats.

181. **Portraits danois,** suédois et norvégiens gravés ou lithographiés par Tardieu, Odieuvre, de Jode, Thomassin, Adam, Grevedon, etc. 130 pièces de divers formats.

182. **Portraits autrichiens** gravés ou lithographiés par Sadeler, Meyssens, Vogel, Pontius, Pfeiffer, etc. 110 pièces in-fol. et in-8°.

183. **Portraits russes** gravés ou lithographiés par Thomassin, Moncornet, Houbraken, Grevedon, Klauber, etc. 100 pièces de divers formats.

184. — Portraits russes gravés par Mécou et John, d'après Benner. 12 pièces in-4°, sans marges.

185. **Portraits polonais** gravés ou lithographiés par Odieuvre, Tardieu, Hopwood, etc. 80 pièces in-8° et in-4°.

186. **Portraits turcs**, grecs et orientaux gravés ou lithographiés par Hollar, Jollain, Dupré, Ruotte, Belliard. 30 pièces de divers formats.

187. **Portraits italiens** gravés ou lithographiés par Henriquel-Dupont, Allegrini, Aquila, de Jode, Bolswert, Roullet. 260 pièces de divers formats.

188. **Portraits espagnols** gravés ou lithographiés par Vermeulen, Moncornet, Kilian, Larmessin, Morghen, Mauzaisse. 130 pièces.

189. **Portraits portugais** et pièces historiques gravés ou lithographiés par Cars, Giffart, Maurin, Sendim, etc. 30 p.

190. **P. T.**, 1er livre de sujets pour servir aux bijoutiers orfèvres, tabletiers. *A Paris, chez Jean.*

Suite complète de 12 feuilles à toutes marges. *(Beaucoup de petits sujets sur chaque feuille.*

191. **Pugin.** Paris and its Environs displayed in a series of picturesque views. The drawings made under the direction of Pugin and engraved of C. Heath. With topographical and historical descriptions. *London, s. d.* (vers 1830), in-4°, demi-rel.

Exemplaire contenant 138 vues au lieu de 204 indiquées au titre.
Beaucoup de ces vues relatent des événements des journées de juillet 1830.

192. **Raffet.** Expédition de Rome, 1849, in-fol. en portefeuille.

Suite complète de 36 lithographies sur chine.

193. — Lithographies extraites d'albums divers ou des expéditions de Rome ou de Constantine, costumes militaires, etc. 80 pièces in-fol. et in-4°.

194. **Revue archéologique**, ou recueil de documents et de mémoires relatifs à l'étude des monuments..., publiés par les principaux archéologues français et étrangers. *Paris Leleux*, 1844 (origine) à 1860. 19 volumes in-8° dépareillés, reliés en demi-veau bleu.

195. **Robert** (HUBERT). Les soirées de Rome, dessinées et gravées par Robert. *A Paris, chez J. Marchand*, s. d., in-8°.

Suite de 10 pièces à toutes marges.

196. **Rowlandson** et autres. Caricatures anglaises du commencement du XIXe siècle par Rowlandson, Woodward, Shortshanks, etc. 8 p. in-fol.

Belles épreuves coloriées.

197. **Russie**. Les Peuples de la Russie, ou description des mœurs, usages et costumes des diverses nations de l'Empire de Russie, accompagnés de figures coloriées. *Paris, D. Colas*, 1812-1813, 2 vol. in-fol., cart. *non rognés* (*Rel. fatiguée*).

Ouvrage rare, recherché pour ses *jolies planches en couleurs* au nombre de 96; elles représentent de *curieuses scènes de mœurs, costumes, jeux, sports*, etc., vues de villes de toutes les Russies.

Exemplaire auquel il manque 2 planches (Troupeaux Kalmouks, et Cosaques du Don), mais possédant une planche non décrite à la table (Montagne de glace).

Ensemble 95 planches.

Quelques taches.

198. **Russie et Pologne**. Vues, cartes et plans anciens et modernes. Costumes militaires, etc. 145 pièces de divers formats.

199. **Sadeler** (Raph. et Joh.). Recueil de 87 pièces, dont 3 titres (*Boni et Mali scientia, 1583; Bonorum et Malorum consensio, 1586; Imago bonitatis illius*), montées en 1 vol. in-4° obl., bas. anc.

Recueil de pièces gravées par les frères *Sadeler*, d'après *M. de Vos*, *Collaert*, et autres.

Plusieurs de ces planches sont restaurées.

200. **Sagredo** (Diego de). Raison d'architecture antique, extraicte de Vitruve et aultres anciens architecteurs, nouvellement traduit d'Espaignol en Françoys. *Imprimé par Simon de Colines*, 1542. — **Bovelle** (Charles de). Géométrie practique composée par Charles de Bovelles. *Paris, de l'imp. de Regnault Chaudière et Claude son fils*, 1547. — Ens. 2 ouvr. en 1 vol. in-4°, vélin blanc (*Rel. anc.*).

Ouvrages rares, ornés de belles et nombreuses *figures sur bois*.

201. **Sambin** (Huges). Œuvre de la Diversité des Termes, dont on use en Architecture, reduict en ordre, par Maistre Huges Sambin, demeurant à Dijon. *A Lyon, par Jean Durand*, 1572, pet. in-fol., cart.

Ouvrage composé d'un titre-frontispice dédicace et de 36 figures de Termes gravées sur bois, avec leurs descriptions. Rare.

Restauration au titre et à plusieurs feuillets.

202. **Stewart** (James). Plocacosmos, or the whole art of Hair dressing, wherin is contained ample rules for the Young artisan, more particularly, for Ladies Women, valets, etc. *London*, 1782, gr. in-8°, demi-veau.

Très rare et curieux ouvrage, orné de 9 (sur 10) *jolies planches de coiffures*. Le frontispice manque.

203. **Suisse**. Vues panoramiques de Suisse; 12 pièces gravées aux xviie et xviiie siècles.

204. — Vues de Suisse gravées ou lithographiées du commencement du xixe siècle, 50 pièces en couleur.

205. — Vues de Suisse réunion de 125 pièces gravées, à la manière noire ou en bistre.

206. **Tardif**. Nouvelle méthode d'encaissement pour fonder facilement et solidement à telle profondeur qu'il sera nécessaire, dans les Rivières, dans les Marais, dans la mer, à proximité des Côtes, et généralement dans les terrains sabloneux ou vaseux. *Paris*, *Chaubert*, 1757, gr. in-fol., veau granit, dos orné (*Rel. anc.*).

29 planches gravées.

207. **Taylor** (Printed for I. et J.). Designs for Shopfronts and Door-Cases. *London*, s. d. (vers 1800), 27 planches in-fol., demi-rel., n. rog.

Devantures de boutiques, 22 pl. et Portes d'entrée, 5 pl.

208. **Tissus.** Dessins pour étoffes; réunion de plus de 3000 aquarelles, dessins, croquis ou calques pour étoffes, tapis, tentures, tapisseries, papiers peints, et échantillons d'étoffes de velours, soie, satin, toile, etc., le tout monté en sept albums grand in-folio, cartonnés toile.

Très intéressant recueil composant presque tout l'œuvre de Staufacher, dessinateur pour étoffes.

209. — Réunion d'environ 880 échantillons de soiries anciennes, de la première moitié du xixe siècle, collés dans un album in-folio.

210. **Tissus**. Réunion d'environ 360 échantillons de tissus imprimés, de la première moitié du XIXe siècle, collés sur 16 feuilles in-folio.

211. — Dessins pour servir de modèles de broderie et de tapisserie. Réunion de 50 dessins à l'aquarelle, de dimensions variées, exécutés en Espagne aux XVIIe et XVIIIe siècles, en un portefeuille parchemin vert.

212. **Topographie**. Cartes générales de la Terre, XVIIe et XVIIIe siècles, 9 pièces in-fol.

213. — Vues, cartes et plans d'Espagne, Portugal, Danemark, Suède, Norvège, Autriche, 70 pièces anciennes et modernes.

On y a joint 12 pièces historiques, brevets des XVIIe et XVIIIe relatifs à l'Autriche.

214. **Tortorel** (Jean) et Jacques **Perissin**. Premier volume; contenant quarante tableaux ou Histoires diverses qui sont mémorables touchant les Guerres, Massacres et Troubles advenus en France en ces dernières années. Le tout recueilli selon le témoignage de ceux qui y ont esté en personne et qui les ont veus, lesquels sont pourtraits à la vérité. In-folio, demi-veau bleu (*Bradel*).

Rare et curieux exemplaire formé par J. J. de Bure qui l'a annoté sur un feuillet de garde. Il contient le titre, l'avis au lecteur, et les 40 planches gravées sur bois ou sur cuivre décrites par Robert-Dumesnil, Tom. XI. On y a joint :

14 pièces représentant les mêmes sujets, avec des variantes dans la gravure ou dans les légendes.

14 estampes de Jean Luyken représentant différents épisodes des guerres de religion.

6 pièces rares gravées sur bois ou sur cuivre ayant rapport au même sujet.

1 placard imprimé : Enigme du feuillant Ravaillac et du jésuite Loyola faisans curée du cœur du Roy Henry le Grand Preux de notre siècle.

Ensemble 77 pièces sans marges montées dans un album in-folio.

215. **Tour Trough Paris** (A). Illustrated with twenty one coloured plates accompagned with descriptive letter-press. *London, Will. Sams.*, *s. d.*, (1822), gr. in-4°, demi-rel., dos et coins de chag. rouge.

Livre recherché pour ses 20 curieuses illustrations (sur 21), rues de Paris, promenades et attractions avec de nombreux personnages aux costumes très variés. On y remarque entre autres : les Voitures de Versailles ; l'Aveugle du pont des Arts ; Porteurs et Pêcheurs dansant devant le Pont-Neuf ; le Marché aux Fleurs ; le Canon du Palais-Royal ; Promenade de la Duchesse de Berry aux Tuileries, etc., etc.

La planche manquante représente la Procession de la Fête-Dieu.

216. **Turgot**. Plan de Paris, dess. par Louis Bretez, 1739, gr. in-plano, collé sur toile et monté avec gorge et rouleau.

217. **Van Der Groen**. Le jardinier hollandais, où sont décrites toutes sortes de belles maisons de plaisance et de campagne, et comment on les peut planter et embellir de plusieurs herbes, fleurs et arbres rares. Avec environ 200 modelles de parterres à fleurs et autres, labirintes, pavillons, ouvrages treillissés de lattes, et de quadrans et horloges solaires. *Amsterdam*, 1669, in-4°, cart.

Première édition.

218. **Van Dyck** (Ant.). Cent portraits de Princes, savants illustres, artistes, etc. *Venise, Ongania*, 1878, gr. in-fol., demi-rel., couv. ill., collée sur les plats, *non rogné*.

Portrait de Van Dyck. Frontispice et 100 portraits.

Belle réimpression tirée de 110 exemplaires (n° 53) de « Icones Principum », etc. Anvers, 1646.

219. **Vauthier** et **Lacour**. Monumens de sculpture anciens et modernes. *Paris, Bance*, 1812, *in-fol.*, demi-rel. mar. r., dos orné (*Rel. de l'époque*).

Ouvrage renfermant 72 planches de bas-reliefs, gravés au trait.

220. **Visconti** (G.). Il Muséo Piô-Clémentino descritto da Giambattista Visconti. *Roma*, 1782-1792, 6 vol. in-fol. max., demi-rel. veau fauve avec coins (*Rel. anc.*).

Nombreuses planches gravées.

221. **Vouet** (Simon). Livre de diverses grotesques peintes dans le cabinet et bains de la reine régente au Palais royal, par Simon Vouet, peintre du Roy, et gravées par Michel Dorigny en 1647. In-fol.

Suite complète de 15 pièces dont le titre et la dédicace. Marges inégales.

On y a joint le portrait de l'artiste gravé par Lubin, et 2 frontispices gravés par Dorigny, d'après Simon Vouet.

222. **Williamson** (Captain Th.) and **Sam. Howett.** — Oriental field sports being a complete, detailed, and accurate description of the wild sports of the East, and exhibiting, in a novel and interesting manner, the natural history of the elephant, the rhinoceros, the tiger, the leopard... The whole interspersed with a variety of original, authentic, and curious anecdotes... 40 coloured engravings the whole taken from the manuscript and designs of captain Thomas Williamson. *London, Thomas M'Lean*, 1819, in-fol. oblong, *fil.*, demi-rel. mar. grenat à long grain, avec coins, dos orné, tr. dor.

Orné de 40 planches gravées d'après les dessins de Samual Howett et coloriées, représentant toutes espèces de chasses : à l'éléphant, au tigre, au léopard, à l'ours et différents animaux à l'affût. La première planche est remontée.

223. **Wood** (Robert) et **Dawkins**. The Ruines of Balbec otherwite Heliopolis in Cœlosyria. *London*, 1757, in-fol. mar. vert à long grain, dos, encad. de fil. et dent., tr. dor. (*Rel. anc.*)

Ouvrage d'une exécution remarquable renfermant 46 planches. Texte anglais.

224. **Agriculture, Médecine, Cuisine.** Environ 44 vol. in-8° ou in-12, sur l'élevage, l'apiculture, l'aviculture, l'équitation, la médecine, la cuisine.

225. **Amérique.** Réunion de 24 ouvrages in-8° ou in-12 sur les États-Unis, le Canada, le Pérou, le Mexique, le Chili, etc.

226. **Armée, marine, blason, noblesse.** Réunion de 42 vol. ou broch. in-8° ou in-12, anciens ou modernes.

227. **Beaux-Arts, céramique, verrerie,** etc. Environ 50 vol. ou brochures in-8° ou in-12.

228. **Bibliographie, Imprimerie, Librairie.** Environ 30 vol. ou brochures, in-8° ou in-12, dont 6 catalogues d'importantes collections.

229. **Catholicisme**. 36 vol. in-8° ou in-12, ayant trait principalement à l'histoire de la religion catholique et des Jésuites.

230. **Facéties.** Environ 46 vol. ou broch. in-8° ou in-12 : facéties, ouvrages sur les femmes, le mariage, etc.

231. **Histoire de France.** Environ 50 vol. ou brochures, in-8° ou in-12, sur l'histoire de France des origines au règne de Louis XV, sur la Restauration, le second Empire, la guerre de 1870 et la Commune.

232. **Linguistique.** Réunion de 18 ouvrages in-8 ou in-12, sur la linguistique (et particulièrement sur l'argot) formant un lot de 24 volumes.

233. **Littérature et Sciences occultes.** 50 vol. ou broch., in-8 ou in-12, sur la littérature française ancienne et moderne et sur les sciences occultes.

234. **Livres illustrés.** Réunion d'ouvrages illustrés des XVIIIe et XIXe siècles. 27 vol. in-8° ou in-12, reliés ou brochés.

235. **Musique et Jeux.** Environ 56 vol. ou brochures de divers formats sur la musique, la chanson et les chansonniers, les jeux de cartes et d'échecs, etc.

236. **Ouvrages sur les Provinces.** *Normandie*, 50 vol. ou brochures in-8° ou in-12, sur les départements de la Seine-Infér., Eure, Calvados, Orne, Manche.

237. — *Picardie et Ile-de-France.* Environ 40 vol. ou brochures in-8° ou in-12, sur les départements de la Somme, de l'Aisne, de l'Oise, Seine-et-Marne et Seine-et-Oise.

238. — *Maine, Poitou, Touraine, Orléanais, Lyonnais, Savoie, Guyenne et Gascogne.* Environ 90 volumes ou brochures in-8° ou in-12, brochés ou reliés.

239. — *Languedoc, Dauphiné et Provence.* Environ 75 vol. ou brochures in-8° ou in-12.

240. **Paris.** Environ 45 ouvrages in-8° ou in-12, sur Paris, publiés pendant le XIXe siècle.

241. **Révolution et 1er Empire.** Environ 80 vol. ou broch. in-8° ou in-12, publiés depuis la fin du XVIIIe siècle jusqu'à nos jours.

242. **Théâtre**. Réunion de 75 vol. ou brochures in-8° ou in-12 dont 54 ouvrages sur le théâtre publiés de 1769 à 1894 et 21 pièces de théâtre anciennes ou modernes.

243. **Catalogues de ventes publiques,** la plupart illustrés et catalogues à prix marqués. Environ 400 vol. ou brochures.

244. **Estampes en lots**, sous ce N°, il sera vendu, par lots, environ 2000 pièces : ornements anciens et modernes, scènes et costumes militaires, reproductions de la Galerie des Modes et Costumes français, lithographies du journal *Le Chasseur*, portraits, etc.

Paris. — Typ. Philippe Renouard, 19, rue des Saints-Pères. — 50577.

www.ingramcontent.com/pod-product-compliance
Ingram Content Group UK Ltd.
Pitfield, Milton Keynes, MK11 3LW, UK
UKHW021954260726
13994UKWH00004B/1738

9 782329 486574